GIGAスクール時代のネットリテラシー ③
著作権とプライバシー

マンガの
キャラは
まねして
いいの?

「引用」って
どこまでOK
なのかな?

うちの住所が
ネットに
のってる!?

監修 遠藤美季

もくじ ●●●●●●●●●●●●●●●●●●●●●●●●●●●●●●●

はじめに

　小学生・中学生にひとり1台デジタル端末が配布され、通信ネットワーク環境のもとで学習を行う「GIGAスクール」時代が、ついに到来しました。デジタル機器をつかった学習方法には、「子どもの意欲を伸ばす」「自分に合った学習ができる」など、多くのメリットがあります。

　そのメリットを存分に生かし活用するために、マナーを守る気持ち、心や身体の健康を管理する意識、トラブル・犯罪などの危険を避ける知恵、たくさんの情報から真実を見抜く力などの「ネットリテラシー」が必要になります。

　この本を多くの人が手にとり、自分で考えて活用する能力を身につけ、情報の時代をたくましく生きていくことを、心から願っています。

エンジェルアイズ代表　遠藤美季

この本のつかい方

1 「用語集」で基本を学ぼう！

　「知っておきたい用語集」では、ネットリテラシーを学ぶために必要な言葉を集めました。最初に読んでおくと、内容がよりよくわかります。

2 「Q&A形式」で理解を深めよう！

　実際のトラブルをもとに、インターネットにかかわる問題をQ（質問）とA（答え）で紹介。自分ならどうするか考えながら読んでみましょう。

3 「ニュース」を読もう！

　ニュースで取り上げられた事件を詳しく解説。どうして事件が起こったかを知ることで、インターネットとの付き合い方が見えてきます。

基本編

● ネットリテラシー

インターネットのいいところも悪いところも理解したうえで、正しく活用していける知識と能力のこと。ネットリテラシーを学べば、自分を守るだけでなく、だれかをうっかり傷つけることも防ぐことができる。楽しく知識を身につけて、インターネットを活用しよう！

● インターネット

パソコンやタブレット、スマートフォンなど、世界中の情報機器を接続できる情報ネットワーク。略して「ネット」ともいう。

● ウェブページ

ネット上で公開されている、1ページ単位の文書。文章のほか画像や動画なども表示できる。「ブラウザ」というソフトウェアを利用して閲覧する。

● ホームページ / サイト

いくつかのウェブページを、ひとつにまとめたもの。サイトは「ウェブサイト」の略。日本では、どちらの言葉も、ほぼ同じ意味でつかわれる。

● URL

インターネット上でのウェブページの住所。「http」「https」から始まる半角英数字の文字列で表示される（「http」「https」の違い➡ P.57）。

● Wi-Fi

ケーブルではなく無線通信を利用する情報機器のネットワーク規格。簡単に「インターネットにつなげる無線通信のこと」と考えてよい。

● アプリ

特定の目的や機能のためにつくられたソフトウェア。「アプリケーション」の略。メール、電話、地図、ゲームなど、さまざまなアプリがある。

● インストール

パソコンやタブレットなどで、ソフトウェアがつかえるよう設定すること。ソフトウェアを削除し、設定前の状態に戻すことを「アンインストール」という。

● アップロード / ダウンロード

データをネットワーク上の「サーバー」に送ることをアップロード（略して「アップ」）、逆にサーバーからデータを入手することをダウンロードという。

著作権編

● 著作物

ある人の考えや思ったことを作品として表したもの。小説、映画、イラスト、動画、写真など、有料・無料にかかわらず、あらゆる作品をいう。

● 著作者

著作物をつくった人。小説家やイラストレーターなど、創作を仕事にしている大人だけでなく、著作物をつくった人は、小学生でも著作者となる。

● 著作権

著作者の財産的な利益を守る権利のこと。著作物がつくられた時点で自動的に生まれる。著作権は、権利の一部または全部を、譲り渡したり（譲渡）、受けついだり（相続）できる。著作権を持つ者は、「著作権者」とよばれる。

● 著作者人格権

著作者の心情や名誉などの人格的利益を保護する権利のこと。著作物がつくられた時点で自動的に生まれる。著作者人格権は、著作者だけに認められた権利で、譲渡や相続することはできない。

● 著作権侵害

他人の著作物を、許されている範囲を超えて勝手に利用すること。たとえば、イラストや写真、動画をコピーして、無許可で発表することなどがこれにあたる。他人の著作物をつかうときは許可が必要だが、なかには例外もある。

● 引用

自分の作文やレポートなどのなかで、だれかの著作物を使用すること。引用した箇所がはっきりとわかるようにする、出典（著作者の名前や作品名など）を記すなどといったルールがある（引用のルール➜ P.28）。

● コンテンツ

ネットのほか、本や新聞、テレビなどを通じて伝えられる情報の「内容」「中身」のこと。文章、イラスト、写真、音楽、映画、アニメ、ゲームなど、あらゆる価値ある情報のことをいう。

プライバシー編

● プライバシー

自分だけの秘密や家族の情報など、他の人には知られたくないプライベートな情報。また、そういった情報を他の人から侵されない権利。ネットでは簡単に情報が広まることから、プライバシーの保護は以前よりも難しくなっている。

● 個人情報

名前や生年月日、住所といった、個人を見分けることのできる情報。電話番号、メールアドレス、顔写真、マイナンバー、パスポート番号のほか、顔認証や指紋認証データなども個人情報としてあつかわれる。

● 肖像権／パブリシティ権

肖像権とは、自分の顔や容姿を、勝手に撮影されたり公表されたりしない権利。パブリシティ権とは、芸能人やスポーツ選手といった有名人の写真や動画が、商品や企業の宣伝などに勝手に利用されないための権利。

● コンピューターウイルス

情報端末に入り込み、情報を盗んだり意図しない動作をしたりする、悪意ある不正プログラム。略して「ウイルス」ともいう。

● セキュリティソフト

情報端末を攻撃から守ったり、危険を教えたりするソフトウェア。ネットを安全に使用するために欠かせない。

● Cookie

ウェブページの閲覧記録やID・パスワードなど、ユーザーの大事な個人情報を一時的に保存するしくみ。

● 無料Wi-Fi

公共施設やお店などが、無料で提供する通信ネットワーク。フリーWi-Fiともいい、利用には注意が必要。

● 特定

個人情報がさらされ、自分がどこのだれであるかを勝手に知られてしまうこと。ネットを中心につかわれる俗語のひとつ。

1章 著作権について考えよう

マンガのキャラクターやアニメの動画、有名人の写真、音楽など他人の作品を、勝手に使用してはいけないと知っていますか？ このような作品は「著作権」という権利で守られています。

ゲームのれきし

ゲームについて調べたことをSNSにアップしたんだ！

…あれ？

このキャラ見たことある。

人気ゲームのキャラだよ。ぼくが描いたんだ！

かわいいけど…勝手にまねしてネットにのせてもいいんだっけ？

どきっ

えっ…!?

PART01 著作権って何?

著作権って ぼくたちにも 関係あるの?

もちろん! 著作権を正しく 理解してネットを つかいましょう。

著作権とは著作者を守る権利

小説やマンガ、音楽、アニメ、ドラマ、映画、ゲームなどの作品。これらはつくった人の考えや気持ちなどを自分で工夫して表現したものです。このような作品を「著作物」、著作物をつくった人を「著作者」、法律によって著作者に与えられている権利を「著作権」といいます。

著作権の保護期間（→ P.13）は、原則として著作者が作品をつくってから、著作者の死後70年までになります。例外として、たとえば著作者名が出ていない無名のものや、団体名義のもの、映画などは、作品の「公表後」70年までになります。その間、著作物は勝手につかわれないよう、法律で守られているのです。

著作物は、デジタル技術の発達により、だれでも簡単にコピーしてつかうことができるようになりました。しかし、著作者の許可なく勝手につかうことは「著作権侵害」となり、法律で罰せられることもあります。著作権について正しく理解して、ネットをつかうようにしましょう。

著作者の持つ権利

　著作権は、著作物の財産的利益を守るための権利です。この権利をつかうことで、他人に勝手に著作物を利用されることを防いだり、自分の著作物を利用したいという人から利用料を得るような契約を結んだりすることができます。

　著作者には、この著作権のほかに「著作者人格権」という権利も認められています。著作者人格権は、著作物をいつど

こで、どういった名前で発表するのかを決めたり、内容を勝手に変えられたりしないための権利です。簡単に言えば、著作者の心情や名誉などを守る権利です。

　また、著作者以外に、音楽の演奏家や映画俳優、レコード会社やテレビ局など、著作物の内容を伝えるうえで大事な役割を持っている人には、「著作隣接権」という著作権に似た権利が認められています。

著作者の権利

著作権

著作物の財産的な利益を保護する権利で、譲渡・相続することもできる。

・複製権…著作物を印刷・録音・録画などでコピーする権利

・上演権・演奏権…著作物を多くの人の前で上演したり演奏したりする権利

・上映権…著作物を多くの人の前で上映する権利

・公衆送信権・公の伝達権…インターネット、テレビ、ラジオ、有線放送などで情報を発信する権利

その他に、口述権、展示権、頒布権、譲渡権、貸与権、翻訳・翻案権、二次的著作物の利用の権利がある。

著作者人格権

著作者の人格的な利益を保護する権利で、著作者だけが持つ（譲渡・相続はできない）。

・公表権…著作物をいつ・どこで発表するか決める権利

・氏名表示権…氏名を表示するかしないか、表示する場合は本名かペンネームかを決める権利

・同一性保持権…著作物の内容などを勝手に変えられない権利

インターネットにかかわる著作権

ネット上には、いつでも無料で見ることができ、ダウンロードもできるコンテンツがたくさんあります。それらの多くは著作権で守られているので、著作者の許可なく勝手につかったり、まねして投稿したりしてはいけません。

また、ある著作物をもとにつくられた著作物（「二次的著作物」）や、新聞、雑誌など（「編集著作物」）、インターネットのデータベースなどにも著作権があります。

著作権で守られているものの例

▶ 文章（小説や脚本、講演の内容もふくむ）
▶ 音楽（短いメロディや歌詞もふくむ）
▶ 動画　劇場映画、DVD、アニメ、テレビ番組、ネット配信動画、ゲーム実況もふくむ
▶ 身振りや動作（ダンスもふくむ）
▶ 図（地図や模型、図表もふくむ）
▶ 写真（画像データもふくむ）
▶ プログラム（アプリもふくむ）
▶ 美術（マンガもふくむ）

アップロード／ダウンロードに注意して！

ネット上の情報（文章、画像、音楽、動画など）は「コンテンツ」とよばれます。著作権で守られているコンテンツや、他人の著作物のまねをしたコンテンツを勝手にSNSや動画サイト、ブログなどにアップロード（アップ）することは、違法行為です。また、許可をとらずにアップされたコンテンツを、違法なものと知りながらダウンロードすることも違法行為です。

許可をとっているコンテンツには「利用規約」というものがあるので、このルールを守ってつかいましょう。

コンテンツをつかうときにチェック！

【 ダウンロードするとき 】

▶ 違法なコンテンツでないかを確認する
違法かどうかわからないときは
ダウンロードしない
▶ サイトの利用規約（ルール）を読んで
守ってつかう

【 アップロードするとき 】

▶ 他人の著作物でないかを確認する
▶ 著作物をつかうときは著作者に許可をとる
▶ 他人がうつっている写真や動画は
「肖像権」（→ P.40）にかかわるので
無断でアップしない

著作物であっても自由につかえる「特別ルール」

他人の著作物をつかいたいときは、著作者に使用の許可をもらわなければいけません。ただし、学校の先生がテストをつくるときや、生徒が授業で発表をするとき、学校行事の合唱コンクールでつかう場合など、例外もあります。代表的なものを見てみましょう。

私的使用のための複製

自分や家族など、限られた範囲で楽しむ場合、テレビ番組や音楽の録画・録音ができます。ただし、多数の人に貸したり、勝手にアップしたりしてはいけません。

図書館などでの複製

調査や研究などの目的であれば、決められたルールの範囲で図書館の本や資料を、著作者の許可なく複製（コピー）してつかえます。

引　用

自分の著作物に、他人の著作物（文章や図など）の内容を一定のルールの範囲内で抜き出してつかうのが引用です。正しく引用すれば著作権侵害にはなりません（→ P.28）。

学校などの教育機関での複製

先生が学校で教材やテスト問題をつくるとき、生徒が授業の発表につかうときは、他人の著作物を著作者の許可なくコピーしてつかえます。

営利を目的としない演奏や上演など

「営利」とはお金などの利益を手に入れることです。入場料が無料で、出演料も払わない学校行事などの合唱や演劇では、他人の著作物を自由につかえます。

💡 著作権の保護期間と「パブリックドメイン」

著作権の保護期間は、原則として著作者が作品をつくってから、著作者の死後70年までになります。その期間を過ぎると著作権が消滅し、だれでも自由につかえます。こういう著作物を「パブリックドメイン」とよびます。たとえば、夏目漱石の小説は、作者の死後70年以上経過しているので、パブリックドメインの状態です。

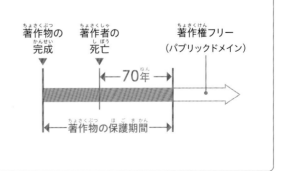

著作物の完成　著作者の死亡　著作権フリー（パブリックドメイン）

← 70年 →

著作物の保護期間

PART 02

著作権のトラブル

著作権にかかわるいろいろなトラブルがあるんだって…。

どんなことに気をつけたらいいのかな？

知らなかったではすまないのが著作権！

著作権で守られた著作物を勝手につかうことを「著作権侵害」といい、著作者に訴えられて損害賠償請求をされたり、法律で罰せられたりすることもあります。著作権に関するルールについて知っていたかどうかは関係ないので「知らなかった」というのは言いわけになりません。

「ネットで匿名なら、バレないだろう」と考えて、勝手に他人の作品をつかう人もいます。しかし著作者が情報を知るための手続き（「発信者情報開示請求」→ P.59）をした場合、自分の名前や住所が著作者に伝えられることもあります。

著作権侵害のペナルティ

●民事責任

【差止請求】 侵害行為をやめさせる

【損害賠償請求／不当利得返還請求】
侵害行為により受けた損害や得られるはずだった利益の請求

【名誉回復措置】 謝罪文を掲載させるなど

●刑事責任

【個人】 10年以下の懲役または1000万円以下の罰金（もしくはその両方）

【法人（会社など）】 3億円以下の罰金

著作権のギモン Q1 一般の個人ブログやSNSにも著作権はある？

ネットで検索をすれば、自分が調べたい内容と関係のあるページがたくさん出てきます。そこに出てくるのは、新聞社や出版社などの企業や専門家が発信する記事だけでなく、一般の人が書いたブログやSNS内の文章など、さまざまです。

では、一般の個人ブログやSNSに書かれている文章にも、著作権はあるのでしょうか？

あったらこわーい友だちの話

丸写しの調べ学習がコンクールに!?

A君に聞きました

夏休みの調べ学習で「星座」について調べているとき、ネットでわかりやすくまとめているブログを見つけたので、こっそり、丸写しして提出したんだけど……。

その後

調べ学習の内容を先生が気に入って、コンクールに応募することになった。結果、見事コンクールに入賞！ぼくも家族も先生も、みんなが喜んでいたけど「これってブログの丸写しじゃない？」「著作権侵害だ！」と大問題に……。

こんなとき、どうする？

著作権のギモン

A1 有名・無名、有料・無料は関係なく、著作権があります。

すごく短い文章でも、著作権で守られるの？
その人の個性が表れている（創作性のある）文章なら、守られます。

ネット上にある記事や文章は、だれでも自由に読むことができます。しかし本や雑誌、新聞などと同じように、文章（著作物）を書いた人（著作者）がいて、著作権で守られています。著作者が有名か無名か、記事が有料か無料かは関係ありません。そのため、著作権のある文章をそのまま丸写しして勝手につかうことは、著作権の侵害にあたります。もしつかいたい文章があるときは、引用のルールを守って使用するか（➜ P.28）、著作者に許可をとる必要があります。

何が起きていた？

星空大好きホッシーブログ
夏によく見える星座について
夏によく見える
星座につい

A君は、調べ学習の参考にした記事が個人のブログだったので、「丸写し（コピペ）してもわからないだろう」と勝手に思い込み、コンクールにまで応募してしまいました。でも、最近は「コピペチェック」できるツールも進化しており、簡単に見つかってしまったのです。

対策

・調べ学習やレポートで参考にしたサイトはメモをしておき、意図せずそっくりな文章になっていないかなど、あとで確認できるようにしておく。
・つかいたい文章などがあるときは、引用のルールを守って使用するか、著作者にきちんと許可をとる。

著作権のギモン Q2 ネットで見つけた写真をダウンロードしたり、自分のSNSにアップしたりしてもいい？

スマホやタブレットのカメラをつかえば、簡単にきれいな写真をとることができます。自分がとった写真をSNSにアップしてみんなに見てもらったり、他の人がとった写真を見たりして楽しんでいる人もたくさんいます。

では、好きな写真をスマホにダウンロードしたり、その写真を自分のSNSにアップしたりしてもいいのでしょうか？

あったらこわーい友だちの話

ネットで見つけた好きな写真を自分のSNSにアップしたら…。

Bさんに聞きました

わたし、雲の写真が大好きなの。自分でとるのも好きだし、他の人がとった写真も好きだから、気に入った写真を見つけたらダウンロードして集めてるんだ。この前も、ネットでおもしろい形の雲の写真を見つけたから、わたしのSNSでその写真を紹介したよ。

その後

たくさん反応がもらえてうれしかったけど、しばらくしたら「これ、わたしがとった写真なんですけど」っていうコメントがついて……。どうしよう、もしかしてまずいことしちゃったのかな？

こんなとき、どうする？

著作権のギモン A2 個人で楽しむためのダウンロードはOK！ 許可なく自分のSNSにアップはNG！

文章やイラストと同じように、写真にも著作者（写真を撮影した人）がいます。ネット上の写真を個人で楽しむことは問題ありませんが、許可をとらずにSNSにアップしたり、自分の作品のようにあつかったりすることは、著作権の侵害です。

自由につかっていい写真やイラストをのせているフリー素材のサイトもあります。サイトの利用規約（ルール）をよく読んで、使用しましょう。その際、あとでわからなくならないように、サイト名やURLなどをメモしておきましょう。

個人で楽しむためなら、ダウンロードしていいんだね。

ただし、違法にアップされている写真は、ダウンロードしないこと！

何が起きていた？

Bさんは、自分でとった写真もネットで見つけた写真も区別せず、好きな雲の写真をひとつのフォルダにまとめていました。自分と同じように雲の写真が好きな人に紹介したいと思い、深く考えずにそのフォルダの写真を自分のSNSにアップしてしまうのです。

フリー画像

対策

・自分でとった写真とネットからダウンロードした写真が一緒にならないように、整理しておく。

・ネットで見つけた写真をつかいたいときは、著作者にきちんと許可をとるか、引用のルール（→P.28）を守って使用する。

著作権のギモン Q3　自分のSNSに、好きな小説の文章やマンガの絵をのせてもいい？

　小説や絵本、詩、マンガなどの作品には、すてきな文章や絵がたくさんあります。それらは、著作者が考えたり、自分のひらめきを絵や文字にしたりしたものですから、もちろん著作権があります。
　では、自分のSNSなどで感想をのせるために、好きな小説の文章をそのままのせてもいいのでしょうか？　あるいはマンガの絵だったらどうでしょう？

あったらこわーい友だちの話

SNSで好きな小説の文章を紹介しただけなのに…。

C君に聞きました

　テレビで小学生の人気インフルエンサーが紹介されていて、ぼくもSNSを始めてみたんだ。テーマは大好きな小説のこと。本の感想がメインなんだけど、とくに好きな文章はみんなに読んでもらいたいから、自分で打ち込んで紹介したよ。

その後

　ある日、SNSに「引用のルールわかってるの？」「作者に通報しました」などというコメントがいくつもついてしまって……。こわくなったからあわてて閉じ、そのままSNSをやめてしまったんだ。

こんなとき、どうする？

小説の文章やマンガの絵の引用は
ルールを守ろう！

　小説の文章やマンガの絵などを、自分のSNSなどでつかいたい場合には、「引用」のルールを守る必要があります。このルールを守っていれば、著作者に許可をとらなくてもつかえます。

　引用のルールはP.28で紹介していますが、大事なポイントは、「主は自分の文章」「だれの作品なのかしっかりと書く」「引用している部分をはっきりさせる」「引用する部分を勝手に変えない」ことです。

文章だけでなくマンガも引用できるんだね！

マンガのコマを入れ替えたり、セリフを変えたりするのはNGです！

何が起きていた？

　C君は、好きな小説の感想をSNSにまとめていましたが、元の小説の好きな文章も、本を見ながら抜き出して入力していました。作者名が書かれていなかったり、文章の打ち間違いがあったりと、引用の初歩的なルールも守られていなかったのです。

対策

・引用するときは、P.28のルールをきちんと守る。

・本当に引用する必要性があるのか、著作者に迷惑をかけないか、よく見直してからアップする。

・心配なときは保護者や先生にチェックしてもらう。

著作権の ギモン Q4 有名人の写真は勝手につかっていいの？

SNSのアイコンやブログを見ていると、自分の好きなアイドルやミュージシャン、俳優など、好きな芸能人や有名人の写真がつかわれているのをよく見かけます。

「みんな知っている有名人なら、アイコンにつかってもいいんじゃない？」「写真を売るわけじゃないから、別にいいでしょ」などという人もいますが、実際はどうなのでしょうか？

「推し」のアイドルをSNSのアイコンにしていたら…。

Dさんに聞きました

わたしのSNSのアイコンは、最近の「推し」アイドルのポプラちゃん。ポプラちゃんの写真をアイコンにしている人は、わたしもふくめてクラスに3人もいるんだよ。

その後

ある日、ポプラちゃんの芸能事務所が、ホームページで「許可なく所属タレントの写真をつかう人が多いため、今後は法的手段に訴える」って発表したの。わたしたち、ポプラちゃんが好きでアイコンにつかっていただけなのに、悪いことしちゃったのかな？

こんなとき、どうする？

勝手につかってはいけません！
著作権のほか、肖像権の問題もあります。

有名人の写真の著作者は、写真を撮影したカメラマンや、その有名人が所属している芸能事務所です。そのため、写真をつかいたい場合は、その人たちに許可をとらなければいけません。

また、人物の場合、「肖像権（自分の顔や容姿を、勝手に撮影されたり、公表されたりしない権利）」や「パブリシティ権（有名人の写真や動画が、宣伝などに勝手に利用されないための権利）」にも守られています（→ P.40）。ルールを公開している事務所もあるので、チェックしてみましょう。

肖像権って
著作権とは別の
ものなんですか？

プライバシーに
かかわる権利なの
で、2章で詳しく
説明しますね。

何が起きていた？

Dさんは「他の人もやっているから」という理由で、アイドルの写真をアイコンにつかっていましたが、これは著作権の侵害であり、肖像権も侵害していました。芸能事務所は、最初は大目に見ていたものの、勝手につかう人が増えたため、対処すると警告したのです。

対策

・人物の写真や動画には、著作権だけでなく、うつっている人の肖像権やパブリシティ権にも配慮する必要がある。

・所属事務所のホームページで、ルールが公開されていないかチェックする。

・許可がとれない人物の写真や動画は使用しない。

著作権のギモン Q5 違法動画でも見るだけなら問題ない?

録画

違法動画

切り抜き動画　　　　ファスト映画

第7話　　無断転載

動画投稿サイトには、録画したテレビ番組の無断配信をはじめ、勝手に短く編集した「ファスト映画」、他人がつくった動画の一部を許可なく配信する「切り抜き動画」などがあふれていますが、その多くは著作権を侵害した違法動画です。

では、これらの違法動画を「見るだけ」なら、問題ないのでしょうか?

あったらこわーい友だちの話

見るだけなら違法じゃないと言われたけど…。

E君に聞きました

ぼくはお笑いが大好きで、学校で友だちと芸人さんのネタ話をするのが楽しみなんだ。この前、友だちが「昔のお笑い番組がアップされてるサイトがあって、すごくおもしろいよ」と教えてくれたんだ。

その後

家に帰って、友だちに教えてもらった動画を見て笑っていたら、家族に「それ違法動画じゃない?」と言われて……。そのあとは、なんだか番組を楽しめなくなっちゃったんだ。

こんなとき、どうする?

著作権のギモン A5
違法動画と知りながら視聴するのはやめましょう！

違法動画など、著作権を侵害するコンテンツと知りながらダウンロードすることは、違法です。ダウンロードが違法になったのは、2012年の著作権法改正からですが、違法コンテンツのあつかいは年々厳しくなっています。今後、視聴のみでも違法になる可能性はあります。

違法動画がなくならないのは、悪いことだと知りながら視聴してしまう人がいるからです。違法なコンテンツを視聴することはやめましょう。

違法動画を見ても、本当の著作権者には利益ないよね…。

みんなが著作権を意識することで、つくる人もよい作品も増えていきます。

何が起きていた？

E君は、自分が視聴していた動画が違法にアップされたものだということを知っていました。そのため、家族に言われてから、自分が悪いことをしているのがバレて、怒られたり罰を受けたりすることになるのではないかと思い、楽しめなくなってしまったのです。

対策

・動画をアップしたアカウントやチャンネルが、正しい著作権者（公式）のものかどうか確認する。

・違法動画は、「視聴しない・ダウンロードしない・アップしない」

・なぜ見てはいけないのか、よく考えてみよう！

著作権のギモン Q6 動画の「文字起こし」もダメなの？

○月×日　配信チャンネル
「俳優インタビュー」書き起こし

司会「本日は俳優の――

文字起こしとは、人が話した言葉を文字にすることです。ネット上には、テレビやラジオ、配信動画などで流された内容を、文字に起こして紹介する「文字起こしサイト」もあります。

文字起こしサイトの多くは、映像やラジオで流れた会話などの音声をそのまま文字にしただけのものですが、これらも著作権の侵害にあたるのでしょうか？

あったらこわーい友だちの話

好きな配信者の動画の内容を、アップしたら…。

Fさんに聞きました

話がとてもおもしろい動画配信者がいて、クラスのみんなにもおすすめしているの。でも、もっとたくさんの人に配信者のことを知ってほしいから「文字起こしサイト」を始めたよ。

その後

あるとき、サイトに配信者本人からコメントが入ったんだ。喜んでくれると思ったのに、「動画の内容を、無断で文字起こししないでください」と書かれていたの。悲しくなって、すぐにアカウントを削除したよ。

こんなとき、どうする？

著作権の
ギモン
A6

許可がなければNGです！
動画での発言も著作権で守られます。

映像や音楽だけでなく、ラジオや動画での発言も著作権で守られます。「文字起こしサイト」の多くは、出演者や制作者に許可をとっておらず、著作権を侵害しているので注意しましょう。自分で動画の書き起こし内容をアップしたいときは、著作者に許可をとりましょう。

もちろん、自分の好きな動画のURLをSNSで紹介することは問題ありません。友だちにおすすめの動画を教えたいときには、共有機能をつかうかURLを伝えましょう。

おもしろい
文字起こしサイト
たまに見るけど…。

それは元の動画がおもしろいからよ。違法コンテンツは見ないように！

何が起きていた？

Fさんは、動画配信者のSNSをフォローしたうえで、動画の発言を自分で書き起こしたサイトを宣伝していました。悪気はなく、応援のつもりでしたが、それは著作権を理解していない行動でした。結果、動画配信者はすぐにFさんのサイトを知り、怒って連絡してきたのです。

対策

・動画内の発言も著作権で守られている。勝手に文字に書き起こしてネット上に公開しない。

・友だちにすすめるときは、サイトの共有機能をつかうか、動画のURLを直接伝えるようにする。

コラム　ファンアートと著作権

ファンアートって違法なの!?

「ファンアート」（二次創作）とは、マンガやアニメ、ゲームといった作品のファンがつくった、キャラクターのイラストや、独自の設定などを加えてつくられたマンガなどをいいます。

SNS上ではたくさんのファンアートが見られますが、著作者の許可なく投稿していたとしたら、それは著作権の侵害となります。

いっぽう、絵をまねして描いて自分だけで楽しむのは「私的使用のための複製」（→ P.13）にあたるので、問題ありません。

作品によってはSNS投稿もOK？

作品によっては「ファンアートを投稿するときのルール」を設け、それを守っていればSNS投稿ができる場合もあります。最近では、ファンアートがきっかけで人気が出る作品も多いため、SNS投稿を許可するケースも多いようです。ファンアートを投稿したいときは、まず元の作品を検索して、公式サイトをチェックしてみましょう。

正しい引用のルール

　他の人が書き、公表された文章や図などを、自分の著作物につかいたいときには、以下の4つのルールを守ることで、著作者に許可をとらなくても「引用」として使用できます。

1 自分が書いた文章などが「主」で、引用する部分が「従」であること

　「自分の著作物」に引用するので、自分が書いた部分が主（メイン）で、引用する部分が従（その補足）となっている必要があります。

2 出典をきちんと書くこと

　どの著作物からの引用なのか、出典（著作者の名前や作品名など）をきちんと書くことが必要です。ウェブサイトからの引用の場合は、サイト名とＵＲＬを書きましょう。

3 引用した部分がわかるように書くこと

　引用した部分を「」で囲んだり改行して一文字下げて書くなど、引用した部分と、自分が書いた部分が、きちんと区別されている必要があります。

4 引用する文章などを勝手に変えず、そのまま抜き出すこと

　引用する部分は、勝手に手を加えず、そのままのせる必要があります。ただし、日本語以外の言語であれば、自分で翻訳して引用することは認められています（その場合は、自分が翻訳していることも記しておく）。

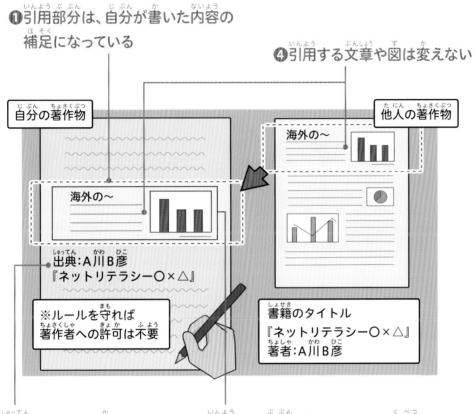

❶引用部分は、自分が書いた内容の補足になっている

❹引用する文章や図は変えない

自分の著作物

海外の～

他人の著作物

海外の～

出典：A川B彦
『ネットリテラシー〇×△』

※ルールを守れば
著作者への許可は不要

書籍のタイトル
『ネットリテラシー〇×△』
著者：A川B彦

❷出典をきちんと書く

❸引用した部分がわかるように区別する

ぼくも調べ学習で、いろいろなサイトの資料を引用しているよ。

ルールを守るのはもちろんだけど、資料をお借りする感謝の気持ちも忘れずに持ちましょうね。

トラブルに巻き込まれたら

著作権を
侵害されたら
どうしよう！

対応のしかたを
知っていたほうが
いいかもね。

著作権を侵害されたら、まず大人に相談を！

ネットにおける著作権侵害のトラブルは、近年増加しています。プロの作品だけではなく、一般の人がSNSなどに投稿した文章やイラスト、写真や音楽などが、知らない人にその人のものとしてアップされているケースが増えているのです。では、もし自分の著作物が勝手につかわれているのを見つけたら、どうすればよいでしょうか？ 著作権侵害の被害にあった場合、著作者には記事や投稿などの「削除請求」や「損害賠償請求」をする権利があります。被害にあってもあわてず、まずは身近な大人（保護者や先生など）に相談しましょう。

違法・有害情報相談センターに寄せられた「著作権侵害」の相談件数

平成27年度	45件
平成28年度	63件
平成29年度	87件
平成30年度	124件
令和元年度	46件
令和2年度	148件
令和3年度	212件

違法・有害情報相談センター
ネット上の違法・有害情報に対し、アドバイスや情報提供を行う相談窓口（→ P.61）

30

削除依頼は、必ず大人と一緒にすること！

身近な大人に相談したあとは、自分がどうしたいのか、あらためて考えてみましょう。自分の著作物が勝手につかわれているのを「やめてほしい」と思ったら、その記事や投稿内容をきちんと記録し、投稿者やサイト管理者に削除依頼をします。そのとき、自分の著作物がつかわれているページのＵＲＬなどを明記して連絡しましょう。

子どもが著作権侵害で巻き込まれるトラブルの多くは、投稿者が著作権についてよく知らず、軽い気持ちや不注意で投稿してしまうケースです。投稿者のしていることが著作権侵害であることを、きちんと説明すれば削除依頼に応じてくれるはずです。

もし投稿者やサイト管理者と連絡がとれない、または削除依頼に応じてくれないときは、「プロバイダ」（インターネット回線をインターネットにつなげる接続事業者）の連絡先を探し、削除依頼をします。著作権侵害などの権利侵害情報は、プロバイダに請求できる権利が法律で定められています（「プロバイダ制限責任法」）。そのときは、「違法・有害情報相談センター」（→ P.61）や、弁護士などの専門家に相談することもできます。

❶ 報告

まずは身近な大人（保護者や先生など）に相談する。

❷ 保存

著作権侵害をしている記事や投稿内容を保存する。
※URLや日時がわかるようにデータを保存する

❸ 削除依頼

投稿者やサイト管理者の連絡先を探し、削除依頼をする。
投稿者やサイト管理者と連絡がとれないときには、プロバイダの連絡先を探して、削除依頼をする。

削除依頼の連絡は、必ず大人と一緒にしましょう。本当に著作権を侵害されているのか、連絡先は有害サイトではないかなど、自分ひとりで判断すると、トラブルをさらに大きくしてしまう危険性があります。

自分が著作権を侵害しないために

著作権侵害のトラブルは、自分が加害者にならないことも大切です。もし他の人の文章や写真などを正しい手続きをせずにつかうと、著作者に訴えられて損害賠償を請求されたり、刑事告訴されて「懲役」や「罰金」などの罰則が与えられたりすることもあります（→ P.14）。

どんな創作物にも著作権があり、つくった人の財産であることを忘れないようにしましょう。もしうっかりやってしまった場合には、気づいた時点ですぐにその投稿記事などを削除すること。また、他人から指摘があったときや、著作者から削除依頼が届いたときなどには、すぐに問題のある投稿記事などを削除し、謝るようにしましょう。

著作権侵害をしないために

▶ 著作物は、著作者の大切な財産であることを意識する。

▶ つかいたい文章や写真、動画、イラストなどが、許可なくつかえるものかどうか確認する。

▶ 許可が必要な場合には、著作者に許可をとってから使用する。

▶ 許可をとるときに、どのようにつかいたいかを伝え、著作者の意に反するつかい方をしない。

▶ 引用する場合には、そのルール（→ P.28）を必ず守る。

知らないうちに著作権を侵害しないようにしないと…。

被害者にも加害者にもならないために気をつけましょう！

コラム ©表示とCCライセンス

©って何?

サイトの一番下やゲームのタイトル画面、本の巻末などに「©マーク」をよく見かけます。これは「著作権マーク」「コピーライトマーク」とよばれるもので、このマークと著作者の名前、著作物が最初に出まわった年を表示すれば、どこの国でも著作権で守られるというものです。

しかし現在、世界の多くの国では、著作権マークなどで示さなくても、著作物がつくられたときに著作権が発生するという「無方式主義」が採用され、日本でもその方式にしたがっています。そのため、著作権マークのあり・なしによる法的な権利の違いはありません。マークの表示は、どちらかといえば「このコンテンツは著作権のルールに守られています」と伝える役割のほうが強いといえます。

CCライセンス

「©」は、CCライセンスとよばれるもので、著作者が「この条件を守れば、わたしの作品を自由につかってかまいません」と意思表示するためのしくみです(「クリエイティブ・コモンズ」という国際的非営利組織が提供)。CCライセンスにはいくつかの種類があり、コンテンツに表示するマークによって、使用方法の条件が分かれています。

CCライセンスを示すマークの種類

表示
作品のクレジットを表示すること

改変禁止
元の作品を改変しないこと

非営利
営利目的での利用をしないこと

継承
元の作品と同じ組み合わせのCCライセンスで公開すること

左記4つのマークの組み合わせで、❶表示、❷表示・継承、❸表示・改変禁止、❹表示・非営利、❺表示・非営利・継承、❻表示・非営利・改変禁止の6種類があります。

　(例)表示—改変禁止

原作者のクレジット(氏名、作品タイトルなど)を表示し、元の作品を改変しなければ、営利目的での利用(転載、コピー、共有)をしてもOK!

NEWS
ニュースになった
著作権侵害

「犯罪なんてひとごとだ」と思っている人もいることでしょう。実際にニュースになった事件を見たら、あなたはどう感じますか？

中学生が違法アップロード 未成年でも逮捕！

2010年6月、名古屋市に住む14歳の中学生が逮捕されました。逮捕の理由は動画共有サイトへの違法なアップロード（アップ）。まだどこにも公開されていない人気マンガの新作を無断でアップし、無料で見られるようにしたことで、ネットでは「神」とよばれていました。この中学生がアップした動画はわずか4本ですが、約4カ月の間に再生回数は合計800万回以上におよびました。

未成年であっても、著作権侵害が犯罪だと知らなかったとしても、このように逮捕されることがあるのです。

ファスト映画配信で 5億円の賠償命令

2021年6月、映画を無断で短く編集した「ファスト映画」を動画サイトに投稿した20〜40代の男女3人が、著作権法違反で逮捕されました。ファスト映画の投稿者が捕まったのは、これが全国初とされています。

彼らは執行猶予付きの有罪判決を言い渡され、さらに2022年には大手映画会社など13社から「著作権を侵害された」と訴えられ、5億円の支払命令が出されています。被害総額は20億円といわれており、今回の請求は全体の一部にすぎません。

ネタバレサイト運営者
逮捕され有罪判決に

2017年7月から9月にかけて、人気マンガの最新作をネットで公開する「ネタバレサイト」の運営者が相次いで逮捕されました。東京などで先行発売される雑誌をスキャンし、アップして広告収入を受け取っており、7月に逮捕された男女2人組は、約3年間で少なくとも3億円を手にしていました。

この逮捕劇がきっかけとなり、たくさんのネタバレサイトが自主的に閉鎖されました。違法アップロードは犯罪だと知っていて、運営している管理者がそれだけ多いのです。

表現を変えても内容が同じなら
著作権侵害の対象になる!

感動的なストーリーを、静止画とテロップ（字幕）で紹介する人気動画の内容が、ブログサイトで勝手につかわれたとして、動画投稿者が発信者情報開示請求（→ P.59）をした例があります。

ブログの記事は元の動画のテロップとは違う表現になっていましたが、内容はほぼそのまま。裁判所も「（文章の入れ替えなどはあるが）ほぼ同じ内容を表現している」と認め、著作権侵害にあたると判断しました。

こうして、2021年9月6日、大阪地裁は動画投稿者による発信者情報開示請求を認めました。

オリジナルの作品から表現を変えたとしても、伝わる内容が同じであれば著作権侵害にあたるのです。

2章 プライバシーについて考えよう

自分や家族の私生活や知られたくない情報が、ネットに書き込まれていたらどうでしょうか？ 多くの人の目に触れてしまいます。ここでは、大切な「プライバシー」をどう守ればいいか、考えていきます。

PART 01

プライバシーって何？

プライバシーって結局なんなの？

よく聞くけど…ぼくもうまく説明できないな。

ネットにおけるプライバシーの重要性

　「プライバシー」とは、他人に知られたくない私生活の情報のことです。ネットでは、他人に知られたくない秘密や家族のことなどを不用意に書いてしまうと、「拡散」されてしまうことがあります。

　とくに、プライバシーの問題が起こりやすいのはSNSです。何気ないつぶやきや画像などの投稿から、つかっている人の氏名や学校名、いつだれとどこにいたかなど、簡単に知られてしまいます。また、自分だけでなく、他人のプライバシーにかかわる情報を公開してしまい、トラブルに発展することもあります。

ママにカフェへ連れてってもらったよ♡

ここの踏切いつも長い…

家の周辺全部停電してる！

【拡散】
SNSの共有機能などを利用し、ネット上に情報が広がること。

「プライバシー」と「個人情報」の違いは？

プライバシーと似た言葉に「個人情報」があります。プライバシーが、「他人に知られたくない情報」であるのに対し、個人情報とは、名前や生年月日、住所、メールアドレスなど、「その人を特定できる情報」のことです。多くの場合、個人情報も他人に知られたくない情報として、プライバシーにふくまれます。

代表的な個人情報の例

- 名前
- 生年月日
- 性別
- 住所
- 電話番号
- 学校名
- 学歴
- 職業
- 家族構成
- 指紋
- 声紋
- 顔写真
- メールアドレス
- マイナンバー
- SNSのアカウント名
- パスポート番号

自分のプライバシーを守るために注意すること

プライバシーにかかわる情報をネットに書いてしまうと、悪い人に利用される危険性があります。たとえば、嫌がらせにあったり、なりすましの被害にあったり、場合によっては個人情報が犯罪に利用されたりする危険性もあります。ですから、SNSなどに気軽に個人情報を書くことは絶対にやめましょう。

国ごとのプライバシーへの意識

右のグラフは、アプリやネットサービスをつかうとき、個人情報やプライバシーにかかわる「パーソナルデータ」を企業などに渡すことに不安を感じると答えた人の割合です。

日本人は他の国の人たちよりも、パーソナルデータを渡すことに不安を感じている人が多いのがわかります。

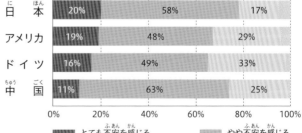

パーソナルデータを提供することについての不安

	とても不安を感じる	やや不安を感じる	あまり・まったく不安を感じない / よくわからない
日本	20%	58%	17%
アメリカ	19%	48%	29%
ドイツ	16%	49%	33%
中国	11%	63%	25%

- とても不安を感じる
- やや不安を感じる
- あまり・まったく不安を感じない
- よくわからない

【出典】総務省 ホームページ（2020年）
※調査は1カ国につき1000件を実施
年齢（20・30・40・50・60代以上）と男女でそれぞれ100件ずつ

あなたも持っている肖像権

　プライバシーに関連する権利に、「肖像権」があります。これは、勝手に顔や容姿を撮影されたり、公表されたりしない権利のことをいいます。肖像権は、すべての人に認められる権利です。

　いっぽう、芸能人やアーティストといった有名人の場合、たとえばブロマイドやポスターが販売されるなど、肖像権に財産的価値を持ちます。そのため、有名人の写真や動画などは、商品や企業の宣伝などに勝手に利用されないよう、「パブリシティ権」という権利で保護されています。

肖像権の侵害にあたるケース

▶ 本人の許可をとらずに、顔がはっきりとわかる写真や動画を、SNSなどいろいろな人が見られる場所に公開する。

※本人の許可をとって撮影した写真でも、公開について本人の許可がなければ肖像権の侵害にあたる。

パブリシティ権の侵害にあたるケース

▶ 芸能人の顔写真などをつかって、勝手にグッズをつくり販売する。

他人のプライバシーにも注意！

　ネットで情報を発信するときには、自分のプライバシーだけでなく、他人のプライバシーにも注意する必要があります。たとえば、友人とうつっている写真をSNSで気軽にアップしたことはありませんか？ アップする前に、本人の許可をとるのはもちろん、「本当にこの情報をアップしても問題ないか」「本人の特定につながらないか」など、よく考えましょう。知らぬ間に他人のプライバシーを公開してしまわないことが大切です。

プライバシーを守るためのチェック項目

▶ 個人の特定につながる投稿をしていないか
▶ 他人のプライバシーを侵害するような投稿をしていないか
▶ 自分が投稿する写真や動画は肖像権を侵害していないか

個人情報の入力は、子どもだけで行わず、必ず大人に相談しましょう！

コラム 企業による個人情報の活用

　ネットでサービスを利用したり、商品を購入したりするときに、個人情報の入力を求められることがあります。そうした個人情報や、プライバシーにかかわる記録（履歴）などは、決められた範囲で、サービスを運営する企業に活用されることがあります。

広告に活用される行動履歴

　たとえば、あるメーカーの服が好きで、過去にネットで検索や購入したことがある人には、その行動履歴を参考に、同じメーカーの広告がサイトに表示されることがあります。それにより、ユーザーは好きな商品を探す手間が減りますし、メーカーは商品を買ってもらいやすくなります。

　しかし、なかには個人情報をねらう悪質なサイトもあります。信頼できるサイト以外では、利用者登録をしないほか、ふだんからブラウザに行動履歴やCookieが保存されない「シークレットモード」を活用することも有効です。

ビッグデータと個人情報

　現在、インターネットで収集された大量のデータは、AI（人工知能）の働きにより、新しいサービスの誕生や社会問題の解決などに活用されています。「ビッグデータ」とよばれるこの大量のデータには、多くの個人情報もふくまれています。ビッグデータの活用は、これからの社会では不可欠となっていますが、企業が活用する際には、個人が特定できないよう情報が加工されています。

PART02 プライバシーを守るには

プライバシーは大事だから、気をつけるよ。

「気をつける」って、どうすればいいかホントにわかってる？

身近な例を通して、プライバシーを守る方法を考えよう！

　プライバシーを守るには、具体的にどう行動すればいいのでしょうか？

　自分では気をつけているつもりでも、プライバシーにかかわる情報は、ちょっとした不注意から簡単に他の人に知られてしまいます。また、悪い人がネットを利用してあなたのプライバシーを盗もうとしてくることも、めずらしいことではありません。そして一度ネットに流出してしまえば、取り消すことはできないのです。

　ここからは実際に起きたケースとともに、プライバシーを守るためには何をすればいいのか、一緒に考えてみましょう。

プライバシーを守るために、もう一度読み直そう！

▶ セキュリティを確認しよう（→1巻）
▶ ネットを安全につかうコツ（→1巻）

学校のタブレットやパソコンを学習以外につかってもいいの？

　学校から配布されたタブレットやパソコン。みんなが楽しく安全につかえるように、必要なサイトやアプリ以外は、アクセスできなくなっているものも多くあります。

　しかし、もし学習に関係ない動画やゲームのサイトが見られることを知ったら、どうしますか？ 学習以外の目的でつかってもいいのでしょうか？

あったらこわーい友だちの話

こっそり動画サイトを見ていたら…。

A君に聞きました

　学校から配布されているタブレットで、友だちが動画サイトを見ていたんだ。「制限かかってないの？」と聞いたら、「このサイトは見られる。他にもいいサイトあるよ」と教えてくれた。先生の注意を思い出して迷ったけど、おすすめサイトを見るようになったんだ。

その後

　あるとき、こっそり動画サイトを見ていたら、急に「あなたの端末をロックしました。解除するには個人情報の入力を」とアラート（警告）が出て、画面が動かなくなっちゃった。どうしたらいい！？

こんなとき、どうする？

43

学校から配布されたデジタル端末は、学習以外の目的でつかわない！

学校から配布されたデジタル端末は、学習をサポートするもの。サイトやアプリの制限は、学習に不要なものを入れないため、またセキュリティのためでもあります。

ネット上には、おもしろそうな動画やゲームを利用して、個人情報を盗みとろうとする悪意のあるサイトや、ウイルスに感染させるためにつくられたサイトもひそんでいます。不必要なコンテンツは、閲覧しないようにしましょう。

好きなアプリをインストールしたいのに…。

アプリを制限しているのは、みんなを悪意ある人たちから守るためです。

何が起きていた？

A君が見ていたサイトは、違法のアニメ動画サイトでした。そのようなサイトには、アクセスした人の個人情報を盗もうとしたり、ウイルスに感染させようとしたりする仕掛けがあります。A君はその仕掛けにひっかかってしまったのです。

あなたの端末をロックしました

対策

・学校のデジタル端末は、学習以外の目的でつかわない。もし、あやしいサイトが閲覧できることに気づいたときは、先生に報告する。

・画面に「警告」の文字など、不安をあおるメッセージが出てきてもクリックせず、すぐに大人に相談する。個人情報は絶対に入力しない。

スマホやタブレット、パソコンを
なくしちゃったら、どうする？

　デジタル端末には、連絡先やSNSの書き込み、ネットの閲覧履歴まで、自分で考える以上にプライベート情報がつまっています。それは、自分の持っている端末だけでなく、学校から配布されたタブレットやパソコンも同じです。もし端末をなくしてしまったら、どうしたらいいでしょうか？

あったらこわーい友だちの話

タブレットを、電車に忘れてしまって…。

Bさんに聞きました

　夏休みに親戚の家へ行ったとき、学校のタブレットを持っていったの。タブレットをつかってみんなで遊んだり、集合写真をとったりして、楽しかった。でも、帰りの電車にタブレットを忘れちゃった。

その後

　家に帰って気づいたけど、怒られるのがこわくて、なくしたって言えなかったんだ。次の日、警察から見つかったと電話がかかってきたけど、わたしのとった写真が勝手にサイトにアップされていたの……。

こんなとき、どうする？

プライバシーのギモン A2

デジタル端末は、プライバシーの宝庫！なくしたらすぐ保護者や先生に連絡を！

プライバシーにかかわる情報流出の大きな原因のひとつが、「端末の紛失・置き忘れ」です。持ち運びには十分に注意してください。

ただ、どんなに気をつけても、なくしてしまうことはあります。そのときは、すぐに保護者や先生に伝えるようにしましょう。

また、家族や友人の写真を撮影・保存していると、なくしたときには、その人たちの情報も盗まれる可能性があります。学校のデジタル端末は、学習以外の目的でつかうのはやめましょう。

わたしはよく忘れ物するから気をつけないと…。

なくしてしまったときの対応は事前に先生に確認しておきましょう。

何が起きていた？

Bさんが電車に忘れていったタブレットを、悪い人が盗んでしまいました。その人は、ロックがかかる前におもしろ半分でBさんのとった写真を匿名でSNSにアップしてから、タブレットを捨ててしまったのです。

対策

・学校の端末を持ち運ぶときはルールにしたがい、十分に注意する。
・もしなくしてしまったときは、すぐに保護者や先生（学校）に伝える。
・学校の端末を、学習以外の目的でつかわない。
・パスワードは複雑なものを設定しておく。

Wi-Fiをつかうときに、注意することは？

Wi-Fiとは、無線でネットに接続できる通信技術のこと。スマホのデータ通信量を気にせず利用できるため、とても便利です。街中にも設置されており、だれでも無料で利用できるWi-Fiを、無料Wi-Fi（フリーWi-Fi）といいます。自治体や携帯電話会社などが提供しているもののほか、カフェなどのお店が独自に提供しているものもあります。

では、Wi-Fiを利用するときに、何か注意することはあるのでしょうか？

あったらこわーい友だちの話

> 通信制限になってしまったので、
> 無料Wi-Fiをつかったら…。

C君に聞きました

みんなでショッピングモールへ遊びに行ったとき、スマホゲームをやることになったけど、ぼくのスマホは通信制限がかかっていたんだ。でも友だちが「ここは無料Wi-Fiがあるよ」って教えてくれたから、一番上に表示されたWi-Fiにつないで遊んだよ。

その後

ぼくのSNSが、知らぬ間にのっとられていたんだ。勝手に大量のメッセージが送られて、そのメッセージのリンクを開くと、お金も請求されるらしい。ぼくはみんなに謝り、SNSのアカウントも消すことになった。

こんなとき、どうする？

知らない Wi-Fi に接続しない！
無料 Wi-Fi では個人情報を入力しない！

　公共の場所での無料Wi-Fiのほか、自宅でも知らないWi-Fiに接続してはいけません。なかには、自治体や携帯電話会社の設置する安全な無料Wi-Fiと似た名称の、悪意ある無料Wi-Fiもあり、接続すると、個人情報を盗まれたり、のっとられて遠隔操作をされたりする危険性があります。

　大切なのは、まずWi-Fiへの自動接続をしない設定にしておくこと。そして安全と思われる無料Wi-Fiに接続しているときでも、個人情報を盗まれないよう、SNSへのログインやアプリの課金などはしないことです。

カギのアイコンがないWi-Fiには接続しない！ 住宅街でも、悪意あるWi-Fiがまぎれています。

何が起きていた？

　C君がつないだのは、危険な無料Wi-Fiでした。C君のSNSは悪い人にのっとられ、URLをクリックするとお金が請求される「ワンクリック詐欺」（→2巻）のメッセージが大量に送られてしまったのです（クリックしても支払い義務はないので、あわてず大人に相談を！）。

対策

・Wi-Fiへの自動接続をしない設定にしておく。

・自治体などが正式に提供しているWi-Fiのみをつかう。

・無料Wi-Fiに接続しているときは、SNSへのログインやアプリの課金など、個人情報の入力はしない。

プライバシーのギモン Q4 図書館やネットカフェのパソコンから、SNSに書き込みしてもいい？

パソコンコーナー

　家の近くの図書館やインターネットカフェなどには、いろいろな人がつかえるパソコンが置いてあります。ネットにつながっていれば、どんなパソコンからでも、同じように調べものをしたり、SNSに書き込みできたりするので、とても便利です。
　しかし、便利だからといって、自宅のパソコンと同じようにつかってもよいのでしょうか？

あったらこわーい友だちの話

図書館のパソコンで、SNSにログインしただけなのに…。

D君に聞きました

　この前、図書館へ行って読んだ本がすごくおもしろかったんだ。その本のことがもっとよく知りたくて、図書館にあったパソコンで調べたら、なんと作者のSNSのアカウントを発見！ぼくも自分のSNSにログインして、すぐフォローしたよ。

その後

　ぼくのSNSは、自分で書いたおぼえのない投稿でいっぱいになっていたんだ。こわくなって、結局アカウントを消しちゃったから、いままでの大事な書き込みも消えちゃった。

こんなとき、どうする？

「だれでもつかえる」パソコンでは、プライバシーにかかわる情報を入力しない！

つかう人が決まっている自宅のパソコンと違い、公共施設やお店などに置かれているパソコンは、だれでもつかうことができます。そのため、個人情報などを盗みとろうとする悪い人も利用する可能性があります。「だれでもつかえる」パソコンで、名前や住所、学校名、SNSのログインID など、プライバシーにかかわる情報は入力しないように注意してください。

たまに背後から見られていると感じることも…。

大事な情報を入力するときは、周囲の様子にも注意してください。

何が起きていた？

D君は、SNSにログインして好きな作者のフォローをしたあと、きちんとログアウトせずに席を離れてしまいました。D君の次に同じパソコンをつかった人が、そのことに気がつき、おもしろがってD君のSNSにふざけた投稿をたくさんしてしまいました。

対策

・だれでもつかえるパソコンで、プライベートにかかわる情報は入力しない。
・自分のパソコンでも、つかわないときはログアウトする。

プライバシーの
ギモン
Q5 安全なアプリの見分け方は？

　スマホやタブレットは、新しいアプリをインストールすることで、簡単に機能を追加できます。とても便利ですし、さまざまな種類のアプリがありますが、なかにはウイルスに感染するような危険なアプリもあるので注意が必要です。

　では、安全なアプリを見分けるには、どうしたらよいでしょうか？

あ〜ったらこわ〜い友だちの話

無料の日記アプリを入れただけなのに…。

Eさんに聞きました

　スマホで日記を書こうと思って、アイコンがかわいいアプリをダウンロードしたの。「連絡先のアクセスを許可しますか？」とか「位置情報のアクセスを許可しますか？」とか、いろいろ聞かれたけど早く日記を始めたいから、全部「はい」にしたんだ。

その後

　その日の夜から、非通知の電話がかかってきたり、迷惑メールが届くようになったりして、スマホを見るのがこわくなっちゃった。これからわたし、どうすればいいんだろう……。

こんなとき、どうする？

プライバシーの ギモン A5 アプリは公式のアプリストアで入手を！ 提供元の情報や複数サイトの評判も確認！

アプリをダウンロードするときは、必ず大人に相談し、一緒に確認・操作しましょう。

また、アプリは必ず公式アプリストア（「Google Play」や「App Store」など）から探します。ダウンロードする前に、利用者の口コミ情報をよく読むほか、アプリの提供元を確認することも大切です。とくに提供元がよくわからないアプリは絶対にインストールしないこと。個人情報の抜きとりや、悪質なサイトへ誘導を行うアプリの可能性があります。

提供元の会社情報を検索し、調べてみよう！

何が起きていた？

Eさんがダウンロードしたアプリは、個人情報を盗むためにつくられた悪意あるアプリでした。Eさんは大人に相談しなかったうえに、事前に評判も調べずにダウンロードし、アクセス許可をしてしまったため、電話帳などのプライバシー情報を簡単に盗まれてしまったのです。

対策

・ダウンロードするときは、大人と一緒に確認・操作する。
・公式のアプリストアである「Google Play」や「App Store」などから入手する。
・アプリの提供元が問題ないか確認する。複数のサイトでアプリの評判を確認する。

52

プライバシーのギモン Q6 写真や動画の投稿をしても、特定されないように注意することは？

ネット上では、自分の名前などを隠し匿名でSNSを利用している人も多いでしょう。しかし、投稿された写真や動画から、プライバシーにかかわる情報を見つけて、投稿した人の個人情報がネット上で公表されてしまうことがあります。このことを「特定」といいます。

では、写真や動画から特定されないためにはどうしたらいいのでしょうか？

あったらこわーい友だちの話

近所の公園でとった動画を投稿したら…。

Fさんに聞きました

わたしはアイドルをめざし、毎日ダンスの練習をしているの。近所の公園でダンス動画をとってSNSにアップしているんだ。いろんな人が反応してくれるよ！

その後

しばらくしたら「きっとポプラ小学校の子だね」っていう書き込みがどんどん増えて、とうとうわたしの名前が書き込まれるようになったの。実名で公開しているわけじゃないし、場所も公開してないのに……。こわくなったから、いままで投稿した写真や動画も全部消して、SNSもやめちゃった。

○ポプラ公園？
○ポプラ公園だ！

こんなとき、どうする？

プライバシーの
ギモン
A6 特定されそうな背景は画像加工！
危ないと思ったら投稿しないのが一番！

写真や動画には、プライバシーにかかわる多くの情報がふくまれています。たとえば、背景にうつる店の看板や電柱の広告、特徴的なビルの形などから撮影場所を特定されることがあります。過去には、瞳にうつった風景から、アイドルの自宅が特定されてしまう事件も起きています。そのため、撮影する場所に注意し、特定につながりそうな背景はぼかすなど画像加工するようにしましょう。

※OSのバージョンにより表示が異なることもあります。

カメラの位置情報をオフにしよう！
スマホで撮影した写真には「位置情報」が記録されています。この情報は、他の人も簡単に見ることができるため、プライバシーを守るためには、カメラの位置情報を「オフ」にしておきましょう。

▶ iPhoneの場合※
「設定」→「プライバシー」→「位置情報サービス」→「カメラ」で、「許可しない」を設定。

▶ Androidの場合※
「設定」→「アプリ」→「カメラ」→「権限」→「位置情報」で、「許可しない」を設定。

何が起きていた？

Fさんはアイドルをめざしていたこともあり、応援するファンがついていました。そのなかのひとりが、Fさんのダンス動画をはじめ、過去に投稿した写真や画像から情報をつなぎあわせ、Fさんの個人情報を特定してしまったのです。

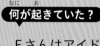

対策

・写真や動画は、プライバシーにかかわる情報が多いので、投稿する前に細部まで確認する。ずっとネットに残っていてもいい内容にする。
・投稿するときは、プライバシーにかかわる情報がわからないように画像を加工する。

文字情報で特定されないために、どうしたらいい？

@chatn 10/13
席替えで窓際だった！
ラッキー

@chatn 10/16
今日は○高校と試合
ゴール3回決めた！

@chatn 10/17
スマホのストラップ
新しいのに変えてみた

@chatn 10/20
今日もいつもの牛丼屋

　個人が特定されるきっかけは、写真や動画だけではありません。文字だけの情報でも、複数の投稿内容をパズルのように組み合わせていくと、投稿者が特定できてしまうケースがあります。
　SNSではその日起こったことや、自分の気持ちなど、さまざまな内容を投稿すると思いますが、特定されないためには、どのようなことに注意したらよいのでしょうか？

あったらこわーい友だちの話

なんでアカウントがわかったの…？

G君に聞きました

　最近、"ポプG"ってアカウント名で、SNSを始めたんだけど、画像をアップするとぼくってバレちゃうから、文章だけ投稿することにしたんだ。やってみるとすごく楽しくて、自分のことや家族のこと、友だちや学校の出来事なんかを、毎日たくさん投稿したんだよ。

その後

　昨日、学校の帰り道で、クラスメイトからいきなり「お前、"ポプG"だろ？　すぐわかったぞ」って話しかけられたんだ。名前も書いてないし、画像もアップしてないのに、どうしてバレちゃったんだろう……。

こんなとき、どうする？

プライバシーのギモン A7

投稿前に確認するクセをつけよう！たまには投稿日をずらすなどの方法も！

　文字情報だけでも、そのひとつひとつがプライバシーにかかわる情報かもしれないことを覚えておきましょう。「このくらいなら、バレるはずない」と思っても、複数の投稿内容を組み合わせることで明らかになったり、生活している場所や環境が近い人に気づかれたりすることがあります。

　SNSに投稿する前に、特定につながる情報がないか確認するクセをつけるようにしましょう。また、リアルタイムの行動を知られないように、たまには投稿日をずらすなどの方法も有効です。

フォロワーしか見られない「鍵アカ」に設定しようかな。

フォロワーしか見てないと油断して、失敗する人もいるから注意よ！

何が起きていた？

　G君は、"ポプG"という自分の名前に近いアカウント名で、「今日の給食はカレーだった」「体育の授業中に右手を突き指」など、日々の学校生活をこまめに投稿していました。たまたまクラスメイトがその投稿を見て、気づいてしまったのです。

対策

・アカウント名は、自分の本名やニックネームとは関係ない名前をつける。

・自分の生活環境に近い人が読んでもわからない内容にとどめる。

・情報の組み合わせで特定されてしまうこともあると注意し、投稿する前にきちんと読み直す。

コラム 知ってた？ http と https の違い

データ通信をするための共通言語

ウェブページのURLを見ると、「http://」から始まるものと、「https://」から始まるものがあります。

「http」は、簡単に言えばデータ通信をするための共通言語です。わたしたちがパソコンやスマホなどの端末からインターネットのサイトを見るときは、サイトの情報が置かれているサーバーに対し「〇〇のサイトを見たい」とお願いします。サーバーはこのお願いを受けて、端末にサイトの情報を送ります。この情報のやりとりを行うときの約束ごとを、ハイパーテキスト・トランスファー・プロトコル、略して「http」とよびます。

httpsの「s」は、安全を示す「s」！

「https」は、httpの通信を暗号化したものです。httpsの「s」は、secure（セキュア）の頭文字で、セキュアとは「安全な、危険のない」という意味です。そのため、アドレスが「https://」から始まるサイトでは、ネットショッピングなどで個人情報を入力しても、悪い人から盗み見られることなく、安全にネット上のサービスを利用できます。安全なサイトを見分けるひとつの目安として覚えておきましょう。

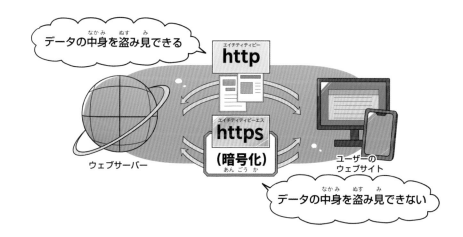

データの中身を盗み見できる

http

https （暗号化）

ウェブサーバー

ユーザーのウェブサイト

データの中身を盗み見できない

PART 03 トラブルに巻き込まれたら

ネットって身近に危険があるんだね…。

トラブルにあったときはまず落ち着いてね！

トラブルはだれにでも起きる

プライバシーにかかわるトラブルは非常に多く、ネット上の相談窓口「違法・有害情報相談センター」（→ P.61）に寄せられた相談の6割以上はプライバシーにかかわるものです。住所や電話番号、メールアドレスなどの個人情報や、自分の顔写真や動画などが、本人の望まないところで公開されてしまうという例はあとをたちません。悪意がなく友人・知人のプライバシーにかかわる情報を公開してしまう例も多いので、いつ、だれもがそうしたトラブルに巻き込まれてしまう可能性があります。

違法・有害情報相談センターに寄せられた「プライバシー侵害」の相談件数

令和3年度（総数6,329件）
プライバシー侵害　3,964件※
（※以下のいずれかに該当し、重複を除いた件数）

住所・電話番号・メールアドレスなど.... 2,252件
写真・映像など肖像権侵害 1,838件
過去の犯罪事実 655件
リベンジポルノ 100件
その他..337件

【リベンジポルノ】
元交際相手などが、別れた仕返しに相手の性的画像などを無断でネットに公開する行為のこと。

58

まずは大人に相談を!

では、実際にトラブルに巻き込まれてしまったら、どうしたらいいでしょうか?

基本的には、著作権侵害のトラブルに巻き込まれたときと同じで、❶身近な大人に相談、❷プライバシーの侵害をされている記事や投稿内容を保存、❸削除依頼——という流れで対応することになります。

プライバシーにかかわるトラブルの場合、削除が行われないと、子どもでも深刻な被害を受ける可能性があります。たとえば、閲覧数の多いサイトに、自分と特定できる個人情報とともに誹謗中傷の書き込みがあったり、性的な画像が掲載されたりした場合などです。もし悪意のある人が、削除依頼に応じてくれないときは、「発信者情報開示請求」をつかって、書き込みをした人を特定することもできます。まずはあわてず、大人に相談するようにしましょう。

❶ 報告

まずは身近な大人(保護者や先生など)に相談する。

❷ 保存

プライバシーの侵害をしている記事や投稿内容を保存する。
※URLや日時がわかるようにデータを保存する

❸ 削除依頼

投稿者やサイト管理者の連絡先を探し、削除依頼をする。
投稿者やサイト管理者と連絡がとれないときには、プロバイダの連絡先を探して、削除依頼をする。

発信者情報開示請求とは?

ネット上では、多くの人が本名や住所を隠しています。「発信者情報開示請求」は、これらの情報を預かっている会社やサイト運営者に「発信者の情報を教えてほしい」と頼む手続きです。著作権の侵害や有害情報・誹謗中傷などの事実があり、その人の本名などがわからず特定する必要があるときに求められます。

ひとりで解決しようとしない

ネット上に自分のプライバシーにかかわる情報が書き込まれているのを目にしたとき、パニックになってしまう人も少なくありません。でも、トラブルに巻き込まれたときにもっとも大事なことは、「落ち着いて行動すること」です。まずは落ち着いてゆっくり深呼吸をし、状況を整理しましょう。そのとき、いったんスマホやパソコンから離れてみることも大事です。

落ち着いて状況を整理できたら、信頼できる大人に相談しましょう。「はずかしいサイトを見ていたのを知られたくない」「怒られたくない」などの理由から、自分でなんとかしたい気持ちになりがちですが、ひとりで抱え込まないことがとても大切です。相談できる大人は、保護者や

先生だけではありません。いろいろな相談窓口もありますから、どんなトラブルが起きたのか、勇気を出して話してみましょう。

手順 1

まずは落ち着いてゆっくり深呼吸

手順 2

いったん、スマホやパソコンから離れて、操作をやめる

手順 3

信頼できる大人に相談！

大事なことは「あわてず」「あせらず」「だれかに相談」ですね。

専門の相談窓口もたくさんあるから気軽に相談してみて！

困っている子どもの味方、相談窓口はこちら！

トラブルにあったときに相談に乗ってくれる窓口はいろいろあります。インターネットに限らず、だれにも話せない困りごとは、これらの窓口に相談してみましょう。

相談窓口一覧
2023年1月現在

「チャイルドライン」

18歳までの子どものための相談窓口です。
電話のほか、チャットでの相談も受け付けています。

電話番号：**0120-99-7777**

URL：https://childline.or.jp

文部科学省「24時間子供SOSダイヤル」

全国どこからでも、夜間・休日をふくめて24時間いつでも
子どものSOSを相談できる窓口です。

電話番号：**0120-0-78310**

※そのほか、文部科学省「子供のSOSの相談窓口」では、
電話に限らず幅広い相談窓口を一覧にまとめています。

https://www.mext.go.jp/a_menu/shotou/seitoshidou/06112210.htm

法務省「子どもの人権110番」

ネット関連のトラブルのほか、いじめや体罰など、さまざまな問題を相談できます。
電話のほか、メールとLINE相談も受け付けています。

電話番号：**0120-007-110**

URL：https://www.moj.go.jp/JINKEN/jinken112.html

「違法・有害情報相談センター」（総務省委託事業）

ネット上での違法・有害情報に関する相談窓口です。
サイト上で利用登録をして相談します。

URL：https://ihaho.jp

さくいん ●∙∙

監修　**遠藤 美季**（えんどう みき）

任意団体エンジェルズアイズ代表、情報教育アドバイザー、新宿区社会教育委員、公立中学校こころのふれあい相談員。保護者や子どもたちに向け、ネット依存予防やネットトラブルを避ける方法について、全国での講演やホームページでアドバイスしている。『本当に怖いスマホの話』（監修・金の星社）、『12歳までに身につけたい ネット・スマホルールの超きほん』（監修・朝日新聞出版）など、著書・監修多数。
https://angels-eyes.com/

法律監修	レイ法律事務所
デザイン	大澤 肇
漫画	杉谷エコ
イラスト	杉谷エコ、海星なび、林檎ゆゆ、とーえ。、石川香絵、ロク
写真	ピクスタ
執筆	櫻井啓示
校正	白沢麻衣子
編集協力	株式会社サイドランチ

GIGAスクール時代のネットリテラシー❸

著作権とプライバシー

発　行　2023年4月　第1刷

監　修　遠藤美季
発行者　千葉 均
編　集　大久保美希
発行所　株式会社ポプラ社
　　　　〒102-8519　東京都千代田区麹町4-2-6
　　　　ホームページ
　　　　www.poplar.co.jp（ポプラ社）
　　　　kodomottolab.poplar.co.jp（こどもっとラボ）
印刷・製本　図書印刷株式会社

ISBN978-4-591-17653-5
N.D.C.021　63p　24cm
©POPLAR Publishing Co., Ltd. 2023　Printed in Japan
P7244003

あそびをもっと、まなびをもっと。
こどもっとラボ

GIGAスクール時代の
ネットリテラシー

全 3 巻

監修：遠藤美季

1 ネットの基本と活用術
N.D.C. 007

2 SNSとネットトラブル
N.D.C. 007

3 著作権とプライバシー
N.D.C. 021

図書館用特別堅牢製本図書

小学校中学年～中学生向き

各63ページ　B5変型判　オールカラー

セットN.D.C.007

プライバシーのギモン

「プライバシー」って
どんなふうに守ればいいの？
クイズに答えて考えよう！

Q1

学校のタブレットや
パソコンを学習以外に
つかってもいいの？

→詳しくは P.43

Q2

スマホやタブレット、パソコンを
なくしちゃったら、どうする？

→詳しくは P.45

Q3

Wi-Fiをつかうときに、
注意することは？

→詳しくは P.47